ジョイフルジョブ！

美容師 仁の道

作―斉藤 洋

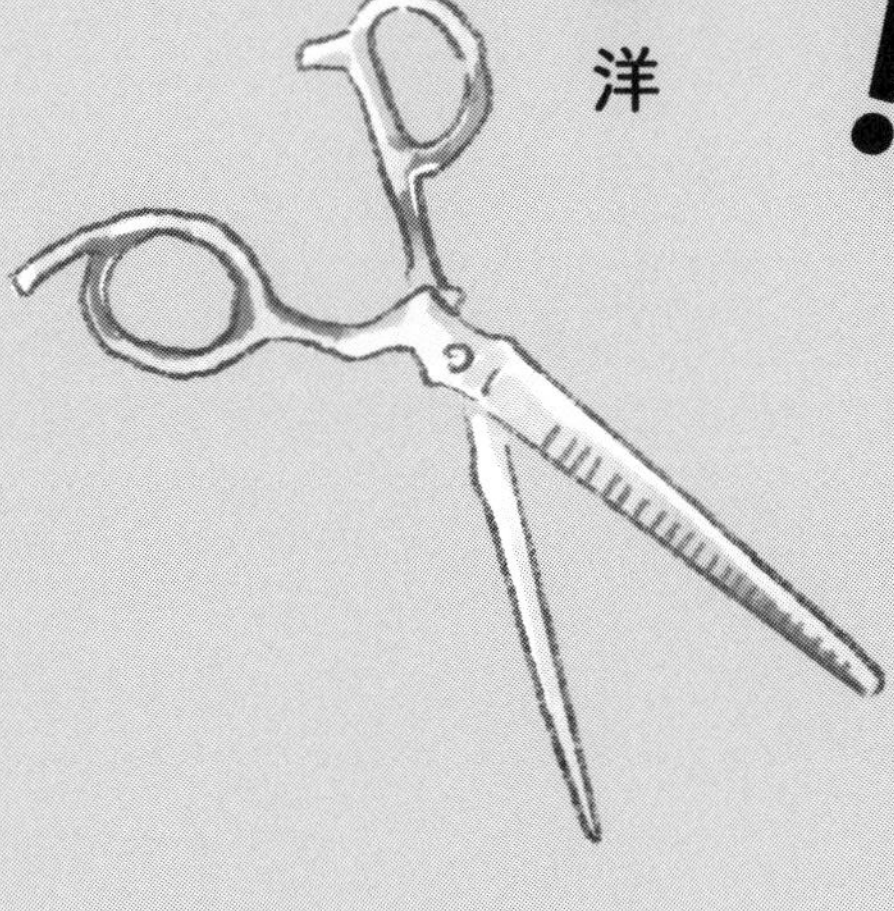

もくじ

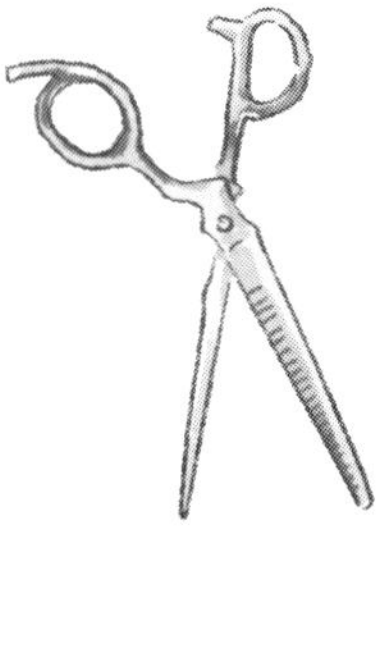

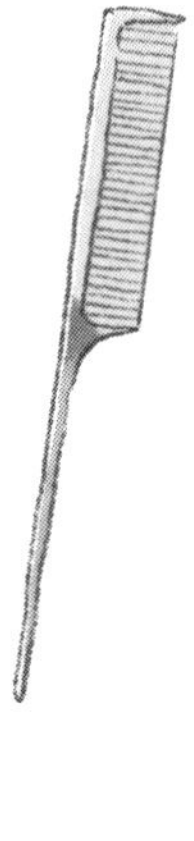

SHAMPOO
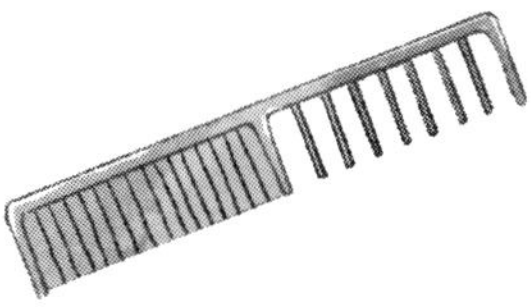
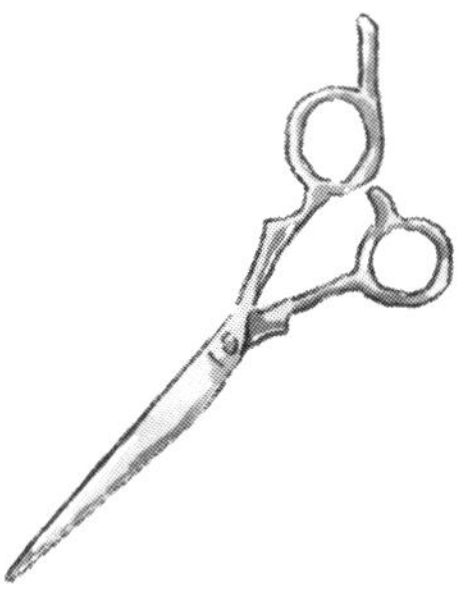

プロローグ

グラウンドに反射《はんしゃ》する光がまぶしかった。
仁《じん》はネクストバッターボックスに立っていた。
九回の裏《うら》。ツーアウト、三塁《るい》。
五対《たい》四で、負《ま》けている。
でも、ヒットが出れば、同点に追《お》いつき、なおもランナーが塁《るい》に出る。

7 8 9 10 R
1 0 5
0 4
B
S
O

そうすれば、打順《だじゅん》は仁《じん》に……。

打《う》て、打《う》て、たのむから打《う》ってくれ。そして、同点に追《お》いついてくれ。おれまで、打順《だじゅん》をまわしてくれ！……、と仁《じん》は、そのとき思……わなかった。

フライもゴロでも、三振《さんしん》でもいい。なんでもいいから、アウトになってくれ。打順《だじゅん》がおれにまわる前に、ゲームセットになってくれ。さもなければ、サヨナラホームランでもいい。勝《か》ち負《ま》けはどうでもいいから、とにかく、おれを最《さい》後《ご》のバッターにしないでくれ！

仁《じん》はそう思ったのだ。

仁《じん》の願《ねが》ったとおり、バッターは内野ゴロで、ゲームセット！

試合後《しあいご》のミーティングで、監督《かんとく》がなんと言ったのか、仁《じん》は聞いていなかった。

なんで選手《せんしゅ》はみんな、ぼうず頭なんだろう……。

かっこう悪《わる》いよなあ。ぼうず頭ももういやだし、それよりなにより、チームが負《ま》けてもいいから、自分に打順《だじゅん》がまわってこないことを願《ねが》うなんて、やっぱ、おれ、野球《やきゅう》にむいてないんじゃないかな……。
仁《じん》はそんなことを思っていた。

1　公園で髪《かみ》を切る

仁《じん》は地元のシニア・リトルリーグのチームに入っていた。

練習《れんしゅう》のあと、帰り道が同じチームメイトと歩いていたとき、チームメイトがため息《いき》をついて言った。

「あーあ、めんどくせえなあ。」

「なにが？」

と聞くと、チームメイトが言った。

「床屋《とこや》だよ。帰りに床屋《とこや》によってこいって、母親に言われてるんだ。床屋《とこや》、こんでて待《ま》たされるし、たのみもしないのに、頭、洗《あら》われちゃうし。時間かかるじゃねえか。頭なんか、うちに帰って洗《あら》うからいいっつうの！」

そのとき、仁《じん》はひらめいた。

「それなら、いい方法《ほうほう》がある。待《ま》たなくてもいいし、頭を洗《あら》わなくてもいい。しかも、床屋代《とこやだい》が半分だ。」

「何、それ？　それ、いいね。そんなのがあるなら、教えろよ。どこの床屋《とこや》だ？」

「床屋《とこや》じゃない。おれが切るんだよ。」

「え？　おまえが？　そんなこと、やれるの？」

「やれる、やれる。おれ、親父にいつも、バリカンで頭、ぼうずにされてるんだ。さすがに、自分で自分の髪《かみ》の毛は切れないけど、人のを切って、ぼうずにするなんて、ちょろいよ。どうだ？　おれにやらせないか？　床屋代《とこやだい》は山わけってことで。」

チームメイトは何秒《なんびょう》か考えてから、

「それ、いいかもだな。」

と言った。

近くの児童《じどう》公園でチームメイトと待《ま》ち合わせ、仁《じん》はうちに帰り、バリカンと、ついでにはさみを持《も》ち出した。そして、公園のベンチで待《ま》っていたクラスメイトの髪《かみ》をバリカンで切り、ふぞろいになったところをはさみで切りそろえた。

なかなかうまくいった。

仁《じん》は自分でもそう思った。

できばえについて、チームメイトは文句《もんく》を言わなかったどころか、山わけにした金を何に使《つか》おうかと、ほくほくして帰っていった。

チームメイトの親にばれることはなかった。

床屋代《とこやだい》が半分手に入り、しかも、待《ま》ち時間なし、うっと

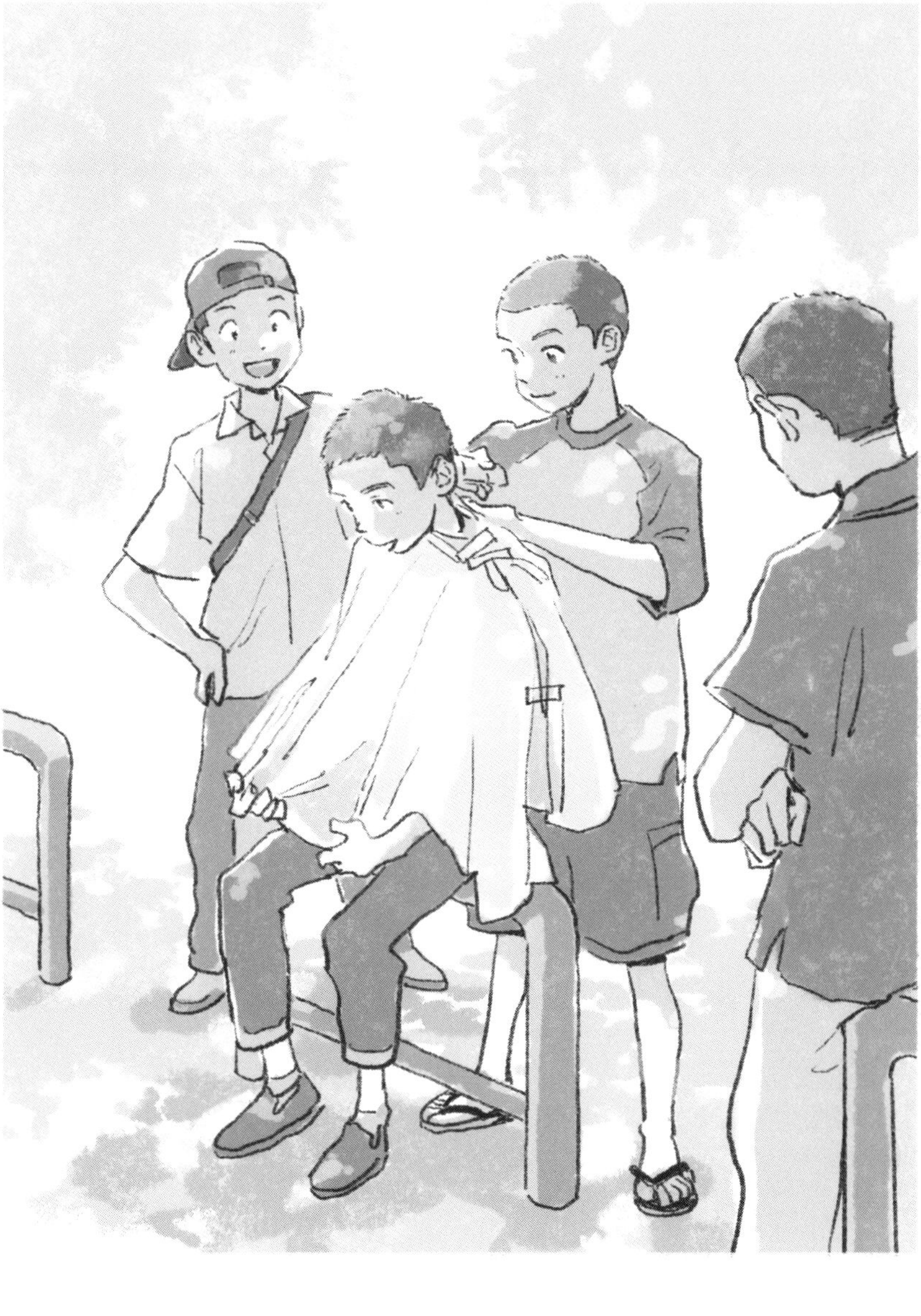

うしい洗髪《せんぱつ》なしということが、チームのあいだにひろまり、二週間後の練習《れんしゅう》の帰りに、ほかのチームメイトにたのまれた。

待《ま》ち時間なしといっても、仁《じん》がうちからバリカンとはさみを持《も》ってくるあいだは、公園で待《ま》っていなければならないのだが、せまい床屋《とこや》の待合室《まちあいしつ》で待《ま》つのではない。

仁《じん》はまたバリカンとはさみをうちから持《も》ってきて、チームメイトの髪《かみ》を切った。

今度《こんど》もまた、ばれなかった。

だが、五人目でばれた。

でも、切りかたがへたくそだったからばれたのではない。

そのチームメイトの親が、床屋《とこや》に電話をして、きょう、せがれが行くからよろしくとかなんとか言ったのだ。

床屋《とこや》のほうでは、夜になっても、こないから、おかしいと思って、親に電話したのだ。

問《と》いつめられて、チームメイトは事実《じじつ》を親にしゃべった。

親は仁《じん》の親に電話をしてきた。

仁《じん》は父親にさんざんなぐられた。

「その金はどうした?」

父親にきかれた。

「パンとコーラを買って、使《つか》った。」

仁《じん》はそう答えたが、それはうそだった。

使《つか》ったことは使《つか》った。だが、飲《の》み食いに使《つか》ったのではない。

仁《じん》には、ずっとほしかったものがあったのだ。

よく、学校の帰りに、それを売っている店によった。その店とは、本屋《ほんや》だった。

あこがれのリーゼントやパンクヘアの写真《しゃしん》がたくさんのっている雑誌《ざっし》、ヘアスタイルの月刊誌《げっかんし》！

今までは、立ち読みするしかなかった雑誌《ざっし》を買って、うちでゆっくり読めたのだ。父親になぐられるくらい、どうってことはなかった。

しかも、その雑誌《ざっし》には、それまで仁《じん》が知りもしなかったし、やってみたこともなかった技術《ぎじゅつ》がのっていた。

〈美容師《びようし》は、はさみを動《うご》かすとき、四本の指《ゆび》は固定《こてい》し、親《おや》指《ゆび》だけで動《うご》かす。〉

仁《じん》は、はさみを持《も》ってきて、じっさいにやってみた。はじめはぎこちなかったが、練習《れんしゅう》するうちに、なんとかそのとおりに、はさみをあやつれるようになった。

その練習《れんしゅう》は楽しかった。紙や布《ぬの》を切ってする練習《れんしゅう》だけで

はなく、何も切らずに、はさみを動《うご》かすだけでも、心が落《お》ちついた。

それからも、たのまれれば、仁《じん》はチームメイトの髪《かみ》を切った。

新しい技術《ぎじゅつ》は、チームメイトの髪《かみ》を切ることにも、すぐに役立《やくだ》った。

中学を卒業《そつぎょう》し、チームをやめるまで、仁《じん》がヘアスタイルの月刊誌《げっかんし》を買えない月はなかった。

2　あこがれは決意《けつい》に

仁《じん》には兄がいた。

兄は自分が進学《しんがく》した県立《けんりつ》のトップクラスの高校に、仁《じん》も入ることを望《のぞ》んだ。父親の意見《いけん》も同じだった。

「あんなとこ、おれの実力《じつりょく》で受《う》かるわけがない。県立《けんりつ》でも、もっと合格《ごうかく》しやすい高校を受験《じゅけん》したいんだけど……。」

仁《じん》はそう言ったが、兄は、

「そんな志《こころざし》が低《ひく》いやつはだめだ。根性《こんじょう》で受験《じゅけん》し、おれの弟なら、なにがなんでも受《う》かれ！」

と言い、また、父親も、仁《じん》が受《う》けたいと言った県立《けんりつ》高校の受験《じゅけん》を認《みと》めなかった。

県立《けんりつ》高校は、一校しか受《う》けられない。

仁《じん》にしてみれば、素手《すで》でライオンと戦《たたか》うのと同じだった。

仁《じん》の学力では、受《う》かりっこないと、自分でもそう思ったし、結果《けっか》もそうなった。

仁《じん》は不合格《ふごうかく》になり、すべりどめに受《う》けた私立《しりつ》の高校に入学した。

私立《しりつ》の高校は県立《けんりつ》高校にくらべ、月謝《げっしゃ》が四倍《ばい》くらい高かった。

両親《りょうしん》からは、

「おまえは金がかかる。」

とか、

「おまえのせいで、たいへんだ。」

とか、よく言われた。

「だから、言ったじゃないか。おれが言った県立《けんりつ》校を受験《じゅけん》してれば、受《う》かったのに。」

仁《じん》はそう言い返《かえ》したかった。

でも、言わなかった。

そんなことを今さら言ってもむだだからだ。いや、そんなことを言ったら、またなぐられるのがおちだ。

高校に入ってからも野球《やきゅう》をつづける気はなかったが、もし、その気があっても、つづけることはできなかっただろう。

仁《じん》は、学費《がくひ》をかせがなければならなかったのだ。

いや、アルバイトの目的《もくてき》はそれだけではない。高校を卒《そつ》業《ぎょう》したら家を出る。そのためには、お金が必要《ひつよう》だ。

家からそんなに遠くない所《ところ》に、すし屋《や》があった。

中学校の友だちがひとり、そのすし屋《や》に就職《しゅうしょく》していた。そのつてで、アルバイトをさせてもらうことができた。毎日、午後五時から十時まで、出前と洗《あら》い物《もの》が仁《じん》の仕事《しごと》だった。

店を開《あ》け、お客《きゃく》さんが入ってくると、店主《てんしゅ》も店員《てんいん》もみな、

「らっしゃーっ！」

と言った。

当時、ラッシャー木村というプロレスラーがいた。

しかし、プロレスラーの名前とすし屋《や》が関係《かんけい》あるとは思えない。

それが、「いらっしゃい。」または、「いらっしゃいませ。」のちぢまったものだとわかったのは、アルバイトをはじめて、三日ほどたったときだった。

いっしょに働《はたら》いていた友だちにきいて、わかったのだ。〈あがり〉がお茶で、〈むらさき〉が醤油《しょうゆ》だということも教えてもらった。

すし屋《や》でアルバイトをはじめ、最初《さいしょ》にもらった給料《きゅうりょう》で、仁《じん》は、生まれてはじめて美容院《びよういん》に行った。

中学を卒業《そつぎょう》し、野球《やきゅう》をやめえてしまえば、もうぼうず頭でなくてもよいのだ。

べつに床屋《とこや》でもよかったのだが、床屋《とこや》イコールぼうず頭というイメージが強く、美容院《びよういん》のほうがおしゃれな感《かん》じもしたので、床屋《とこや》ではなく、美容院《びよういん》を選《えら》んだ。

ヘアスタイルの月刊誌《げっかんし》を買うようになってから、なんとなく美容師《びようし》になりたいとは思っていたが、はっきり美容師《びようし》を将来《しょうらい》の職業《しょくぎょう》にきめたのは、高校一年の終《お》わりごろだった。

高校に入ってから、あちこちの美容院《びよういん》に行き、いろいろな美容師《びようし》に話を聞いたりして、美容師《びようし》へのあこがれは志望《しぼう》と決意《けつい》に変《か》わった。〈なりたいなあ……。〉が〈絶対《ぜったい》なる！〉に変《か》わったのだ。

人はなぜ化粧《けしょう》をするのか？

きまっている。美《うつく》しくなりたいからだ。

化粧《けしょう》の目的《もくてき》は〈美《び》〉だ。

着《き》るもののファッションの目的《もくてき》も〈美《び》〉だ。

それは、〈かっこよさ〉と言いかえてもいい。

〈美《び》〉にしろ〈かっこよさ〉にしろ、それは人間が本能的《ほんのうてき》に求《もと》めるものなのだ。

〈美《び》〉や〈かっこよさ〉を追求《ついきゅう》する仕事《しごと》を職業《しょくぎょう》にしたい。

大好《だいす》きなはさみをつかって、〈美《び》〉と〈かっこよさ〉を追求《ついきゅう》する。それが美容師《びようし》だ。その証拠《しょうこ》に、〈美容師《びようし》〉とい

う言葉《ことば》には、〈美《び》〉という文字が入っているではないか！

フッションの中心は東京だ。〈美《び》〉、〈かっこよさ〉の本場は東京だ。だから、美容師《びようし》になるには、東京でなければならない。

仁自身《じんじしん》そう思いこんでいたし、それについては、父も兄も同じ意見《いけん》だったから、〈美容師《びようし》になる〉は〈家を出る〉の口実《こうじつ》、いや、理由《りゆう》として成立《せいりつ》する。

昼間は学校で勉強《べんきょう》し、夕方から夜まですし屋《や》でアルバイトをし、寝《ね》る前に、ヘアスタイルの雑誌《ざっし》で、センスを磨《みが》き、将来《しょうらい》への思いをふくらませた。

それが、仁《じん》の高校生活だった。

3　そのときにできること

高校を卒業《そつぎょう》してから情報《じょうほう》を集《あつ》めたのでは、遅《おそ》い。

仁《じん》は、卒業《そつぎょう》するまでに、どうしたら美容師《びようし》になれるかという情報《じょうほう》をひたすら集《あつ》めた。

美容《びよう》学校に入学するという方法《ほうほう》がもっとも一般的《いっぱんてき》だ。だが、美容《びよう》学校に入るためには、入学金や授業料《じゅぎょうりょう》がいる。

すし屋《や》のアルバイトで、仁《じん》にはいくらかのたくわえができたが、そんな程度《ていど》では、入学金さえ払《はら》えない。

ただで、しかも、家を出ても、ひとりで生活ができて、
それで美容師《びようし》になるには？

そんな方法《ほうほう》があるだろうか？

あった！

東京の会社で、美容補助《びようほじょ》の仕事《しごと》をしながら、通信教育《つうしんきょういく》で美容師《びようし》の資格《しかく》を取《と》らせてくれて、しかも寮《りょう》があるところがあった。

仁《じん》は迷《まよ》わず、そこに就職《しゅうしょく》した。

美容補助《びようほじょ》といっても、もちろんお客《きゃく》さんの髪《かみ》を切るどこ

ろか、さわれさえしない。店の掃除《そうじ》や、洗濯《せんたく》が主《おも》だ。お客《きゃく》さんに接《せっ》する機会《きかい》は、せいぜい、来店したお客《きゃく》さんを席《せき》に案内《あんない》するという程度《ていど》だ。

でも、できることはそれだけだろうか？

答えはノーだ。

見ること。お客《きゃく》さんの髪《かみ》にさわらなくても、お客《きゃく》さんの髪《かみ》を見ることはできる。

また、美容師《びようし》がお客《きゃく》さんの髪《かみ》を仕上《しあ》げていくのを見ることもできる。

観察《かんさつ》だ。

もちろん、雑用《ざつよう》はたくさんあり、そのあいまをぬって、観察《かんさつ》するのだから、最初《さいしょ》から最後《さいご》まで見ることはできない。暇《ひま》さえあれば、というより隙《すき》さえあれば、仁《じん》は観察《かんさつ》した。数秒《すうびょう》、あるいは数十秒《すうじゅうびょう》。長くて一分。切りきざまれた観《かん》察《さつ》でも、それは大切な情報《じょうほう》なのだ。

美容師《びようし》がお客《きゃく》さんの髪《かみ》にどうさわるか？　てのひらの置《お》きかた、指《ゆび》のまげかた、そういうことは、そばを通りがかった瞬間《しゅんかん》にも見ることができる。

ひとつひとつの細かい情報《じょうほう》でも、それを集《あつ》めれば、貴重《きちょう》で有用《ゆうよう》な情報《じょうほう》になるのだ。

たとえば、象《ぞう》という動物《どうぶつ》がどういう動物《どうぶつ》か、まったくわからないとしよう。

あるときは、爪《つめ》だけ見えた。また、あるときは、目の形だけわかった。そして、またあるときは、鼻《はな》のさきだけ見ることができた。そうやって、一度《ど》にはちょっとずつしかわからなくても、何十回、何百回とやっていくうちに、だいたい象《ぞう》の形がわかるようになる。しかし、色や形はわかっても、わからないこともある。重《おも》さだ。象《ぞう》の重《おも》さはわからない。

しかし、人間の顔と頭なら？

大きさや重《おも》さは、だいたいわかる。人によって差《さ》はあるが、倍《ばい》もちがわない。

美容師《びようし》がどういう手順《てじゅん》で仕事《しごと》をするか、自分でやってみなくても、観察《かんさつ》によって、それはわかる。

それからもうひとつ。もっとだいじなことができる。

それは、イメージすることだ。

そのお客《きゃく》さんには、どのような髪形《かみがた》が似合《にあ》うか？

それをイメージするのだ。

イメージすることに、技術《ぎじゅつ》はいらない。

さらに、もうひとつ、できることがある。

それは、美容師《びようし》とお客《きゃく》さんがどのような話をしているか、それを聞くことだ。

美容師《びようし》はお客《きゃく》さんによって、話題《わだい》をかえる。髪型《かみがた》だけではなく、着《き》るものやアクセサリーなど、身《み》につけるものの流行《りゅうこう》について、美容師《びようし》から情報《じょうほう》を得《え》ようとする人もいる。見た映画《えいが》の感想《かんそう》を言いたい人もいる。つきあっているボーイフレンドやガールフレンドのことを話し、美容師《びようし》に相談《そうだん》したい人もいる。また、逆《ぎゃく》に、美容師《びようし》と話をするのがいやな人だっている。

美容師《びようし》は、自分が話したいことを話すのではなく、お客《きゃく》さんが聞きたいこと、話したいことに合わせるのだ。

美容師《びようし》は人気商売《しょうばい》だ。もちろん、技術《ぎじゅつ》がなければだめだ。しかし、仁《じん》は二年間で、技術《ぎじゅつ》があればそれでいいというわけではないことを学習《がくしゅう》した。

たとえば、ふたり美容師《びようし》がいるとしよう。ひとりは、高い技術《ぎじゅつ》はあるが、いわば、コミュニケーション能力《のうりょく》がそれほどでもない。もうひとりは、技術《ぎじゅつ》は人なみだが、話の聞きじょうずであり、話しじょうずでもある。それでは、どちらの美容師《びようし》が人気があるか？

技術《ぎじゅつ》は人なみでも、話をよく聞いてくれたり、おもしろい話ができる美容師《びようし》に人気が集《あつ》まったりすることも多いのだ。

お客《きゃく》さんは美容院《びよういん》に、髪《かみ》をととのえるためだけにくるのではない。自分の話を聞いてもらったり、相談《そうだん》したり、美《び》容師《ようし》から興味《きょうみ》のある話を聞くのも、目的《もくてき》のひとつなのだ。お客《きゃく》さん自身《じしん》、そんなことは意識《いしき》していなくても、そうなのだ。

美《うつく》しく、よく似合《にあ》う、かっこうのいい髪型《かみがた》にするためだけに、お客《きゃく》さんはくるのではない。それもふくめて、快適《かいてき》な時間をすごしにくるのだ。

補助《ほじょ》の仕事《しごと》では、できないこともたくさんある。だが、できること、将来《しょうらい》、美容師《びようし》になったら、かならず役立《やくだ》つことがそこにはあるのだ。

見つからないのは、見つける気がないからだ。補助《ほじょ》の仕事《しごと》をして役立《やくだ》ったことは、たくさんある。情報《じょうほう》を集《あつ》める。イメージする。

それから、コミュニケーション能力《のうりょく》を高めること。これは、補助《ほじょ》の仕事《しごと》をしているときだけではなく、日ごろの生活の中でもできる。友だちや知り合いあいてでもできる。

とにかく、あいての話をよく聞くこと、それができなければ、美容師《びようし》としてやってはいけないし、自分の考えや思いをうまくあいてにつたえられることもだいじなのだ。

立場や資格《しかく》の問題《もんだい》で、そのときにはできないこともある。でも、できることもあるのだ。それをやることだ。そうしなければ、夢《ゆめ》は夢《ゆめ》で終《お》わってしまう。

4 美容道《びようどう》

国家試験《しけん》は一度《ど》で合格《ごうかく》した。

仁《じん》はついに美容師《びようし》の資格《しかく》を取《と》ったのだ。しかし、そのときには、仁《じん》はあることに気づいていた。

それは、美容師《びようし》の資格《しかく》を取《と》るということと、〈美容師《びようし》になる〉ことはちがうということだ。美容師《びようし》の資格《しかく》を取《と》るということは、お客《きゃく》さんの髪《かみ》にさわっても、法律《ほうりつ》に違反《いはん》しないというだけのことだ。

美容師《びようし》の資格《しかく》を取《と》ったのは、〈美容師《びようし》になる〉ことの出《しゅっ》発点《ぱってん》にすぎない。言ってみれば、資格取得《しかくしゅとく》は〈美容道《びようどう》〉という長い道のスタートラインでしかない。

仁《じん》が美容補助《びようほじょ》として働《はたら》いていた美容院《びよういん》はチェーン店で、いくつかの店があった。資格《しかく》を取《と》ってから、仁《じん》はしばらくそこにとどまったが、やがてそこをやめ、ほかの美容院《びよういん》で働《はたら》きはじめた。

チェーン店では、どこの店に行っても、会社の方針《ほうしん》は同じだ。ちがうやりかた、別《べつ》の方法《ほうほう》、そういうものを体験《たいけん》し

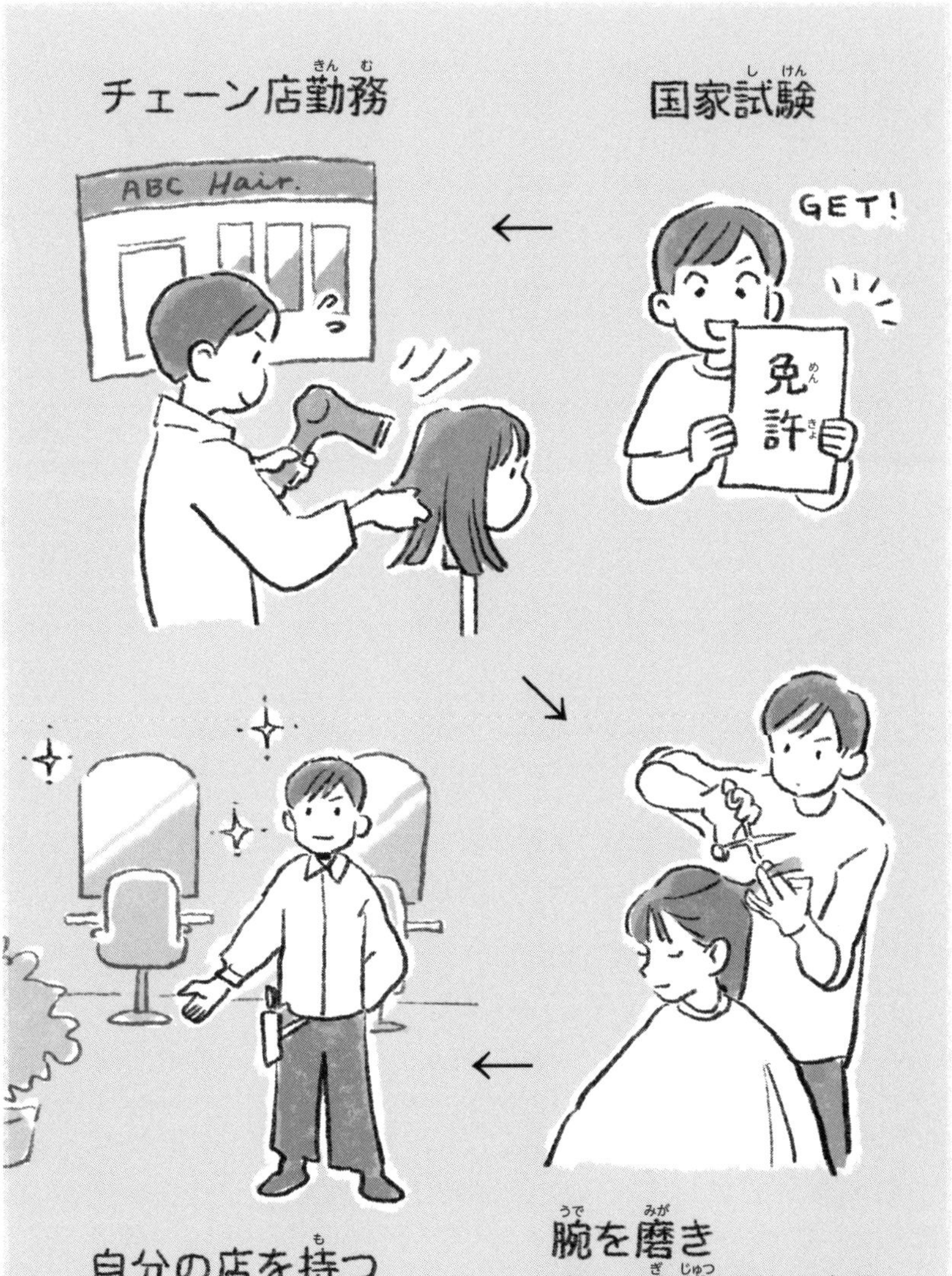
国家試験《しけん》
GET!
免《めん》許《きょ》
チェーン店勤務《きんむ》
ABC Hair.
腕《うで》を磨《みが》き
高い技術《ぎじゅつ》をつける
自分の店を持《も》つ

たくなって、そのチェーン店とはまったく関係《かんけい》のない美容《びよう》院《いん》に移《うつ》ったのだ。

そこで美容師《びようし》としての腕《うで》をみがいていたころ、ある実業《じつぎょう》家《か》と知り合い、こう言われた。

「そろそろ自分の店を持《も》ったらどうだい？　東京では、店の家賃《やちん》が高いが、地方なら家賃《やちん》も安《やす》いし、わたしが資金《しきん》を出してもいい。共同経営者《きょうどうけいえいしゃ》ということでどうだい？」

仁《じん》の心は大きく動《うご》いた。

仁《じん》が働《はたら》いていた店は、もちろん自分の店ではない。店の方針《ほうしん》に自分の考えが合わないことも多くなってきていた。

それに、その実業家《じつぎょうか》と共同経営者《きょうどうけいえいしゃ》ということになれば、収入《しゅうにゅう》もふえるだろう。しかも、その実業家《じつぎょうか》が、ここではどうかと言った町は、東京に隣接《りんせつ》した県《けん》だ。言ってみれば、東京文化圏《ぶんかけん》にあり、仁自身《じんじしん》のファッション感覚《かんかく》が通用するであろう場所《ばしょ》だ。

仁《じん》は、毎週、休みのたびに、電車でその町に行き、街《まち》や人々《ひとびと》のようすを観察《かんさつ》した。アパレル関係《かんけい》の店をのぞき、都心《としん》で売っている商品《しょうひん》とどれくらいちがうかを見るだけではなく、スーパーマーケットに入り、そこで売っているものの品質《ひんしつ》や値段《ねだん》がどれくらい東京とちがうかも調《しら》べた。その町の人々《ひとびと》の生活が、東京とどれくらいちがうか、知りたかったのだ。

もちろん、美容院《びよういん》にも行った。これは毎週ではなく、二週間あいだをおいて、別《べつ》の美容院《びよういん》に入った。もちろんお客《きゃく》としてだ。お客《きゃく》として入り、その店の美容師《びようし》の水準《すいじゅん》を見て、自分がその町でやっていけるかどうかをしらべたかったのだ。

数か月後、〈これならいける！〉と仁《じん》は判断《はんだん》した。

仁《じん》はその実業家《じつぎょうか》といっしょに、その町での美容院開業《びよういんかいぎょう》の準備《じゅんび》に入った。

そのとき、仁《じん》はまだ二十代《だい》の前半だった。そんな年齢《ねんれい》で店を持《も》てるなど、夢《ゆめ》のようだった。

だが、店舗《てんぽ》が決《き》まり、あとは賃貸契約《ちんたいけいやく》をすればいいというときになって、その実業家《じつぎょうか》がほかの事業《じぎょう》で失敗《しっぱい》した。実業家《じつぎょうか》は資金《しきん》が出せなくなったのだ。仁《じん》の美容院開業《びよういんかいぎょう》の夢《ゆめ》は水泡《すいほう》に帰《き》した。

仁《じん》の失望《しつぼう》は大きかった。

せっかく打順《だじゅん》がまわってきたのに……。

仁《じん》はそう思い、ふと、中学のときのことを思い出した。

あの野球《やきゅう》の試合《しあい》のことだ。

九回の裏《うら》。ツーアウト、三塁《るい》。五対《たい》四で負《ま》けていた試合《しあい》だ。勝《か》ち負《ま》けはどうでもいいから、とにかく、自分を最後《さいご》のバッターにしないでくれ！

あのとき、仁《じん》はそう思ったのだ。

今度《こんど》、美容院《びよういん》の開業《かいぎょう》ができなくなったことと、あのときのことは、ほとんど関係《かんけい》はない。関係《かんけい》がないのに、なぜ、そんなことを思い出したのか。

関係《かんけい》があるとすれば、打順《だじゅん》がまわってこなかったことだけだ。

あのとき、打順《だじゅん》がまわってこないことを願《ねが》ったばちが当たったのだ……、と仁《じん》が思ったかというと、ぜんぜんそうではない。だが、打順《だじゅん》がまわってくることはひとつのチャンスであることはたしかだ。あのとき、打順《だじゅん》がまわってこないことを願《ねが》ってしまったのは、自分が野球《やきゅう》にむいているかどうかではなく、野球《やきゅう》がもういやになっていたからにほかならない。

だが、今度《こんど》は？

せっかくまわってきた打順《だじゅん》なのに、自分がバッターボックスに立つ前に、ゲームセットになってしまった。自分はそれにすごく失望《しつぼう》している。ということは、それだけ自分が、自分の美容院《びよういん》を持《も》つことを強く願《ねが》っているということだ。

ひとつの試合《しあい》は終《お》わってしまった。でも、試合《しあい》が二度《ど》とできなくなったわけではない。いつかまた打順《だじゅん》がまわってくる……。

そう思ったとき、勇気《ゆうき》がわいてきた。強い願《ねが》いはかならず実現《じつげん》するはずだ。自分は強い願《ねが》いを持《も》っている。それがだいじなのだ。今、大きく失望《しつぼう》しているのは、自分の願《ねが》いがそれだけ大きいからだ。

しかし、今度《こんど》のことで、反省《はんせい》しなければならないこともある。

それは、友だちとか、知り合いをあてにしたことだ。いつか、自分の美容院《びよういん》を持《も》つためには、銀行《ぎんこう》などの金融機関《きんゆうきかん》から資金《しきん》を借《か》りる必要《ひつよう》が出てくるだろう。そのためには、ある程度《ていど》の自己資金《じこしきん》と、それから社会的信用《しゃかいてきしんよう》が必要《ひつよう》だ。自己資金《じこしきん》もほとんどなく、社会的信用《しゃかいてきしんよう》もまだまだなのに、いわば人をあてにして、自分の夢《ゆめ》を実現《じつげん》しようとしたこと、それは反省《はんせい》しなければならない。

最初《さいしょ》に働《はたら》いたチェーン店の美容院《びよういん》から移《うつ》った先は、個人《こじん》経営《けいえい》の美容院《びよういん》だった。美容師《びようし》の数も数人だった。それから、

料金受取人払郵便

神田局承認

7138

差出有効期間
令和6年9月
30日まで

(期間後は切手を
おはりください。)

郵便はがき

101-8791

507

東京都千代田区西神田3-2-

あかね書房愛読者係行

ご住所	〒□□□-□□□□ 都道 府県		
TEL	(　　　)	e-mail	
お名前	フリガナ		
お子さまのお名前	フリガナ		

ご記入いただいた個人情報は、目録や刊行物のご案内をお送りするために利用し、その他の目的に
使用いたしません。また、個人情報を第三者に公開することは一切いたしません。

読者カード

ご愛読ありがとうございます。今後の出版企画の参考にさせていただきますので、お手数ですが、皆様のご意見・ご感想をお聞かせください。

本の書名

・性別　　　　（　　　　）歳　　　　　　　　　　男・女

本のことを何でお知りになりましたか？
店で（書店名　　　　　　）　2. 広告を見て（新聞・雑誌名　　　　　　）
評・紹介記事を見て　4. 図書室・図書館で見て　5. その他（　　　　　　）

本をお求めになったきっかけは？（○印はいくつでも可）
名　2. 表紙　3. 著者のファン　4. 帯のコピー　5. その他（　　　　　　）

きな本や作家を教えてください。

本をお読みになった感想、著者へのメッセージなど、自由にお書きください。

想を広告などで紹介してもよろしいですか？　（はい・匿名ならよい・いいえ）

りありがとうございました。

地方都市《とし》で偵察《ていさつ》した美容院《びよういん》の数もそんなに多くはない。

最初《さいしょ》に働《はたら》いたチェーン店の美容師《びようし》を別《べつ》にすれば、仁《じん》が自分とくらべた美容師《びようし》の数はぜいぜい十人くらいだ。たとえ、自分の腕《うで》がその十人とくらべて、ひけをとらなかったとしても、それがなんだというのだ。もっと広い世界《せかい》で、多くの美容師《びようし》を見て、たくさんのお客《きゃく》さんと出会う必要《ひつよう》があるのではないだろうか。

仁《じん》は、美容道《びようどう》の次《つぎ》の一歩を踏《ふ》みだすことにした。

5　したいこと

仁《じん》が選《えら》んだのは、美容業界《びようぎょうかい》の大手の会社だった。東京だけではなく、関西《かんさい》や九州《きゅうしゅう》まで、何十店舗《てんぽ》も持《も》っている。

仁《じん》は試験《しけん》を受《う》け、採用《さいよう》された。

仁《じん》は東京都内《とない》のサロン――その会社では、美容院《びよういん》をそう呼《よ》んだ――を希望《きぼう》したが、配属《はいぞく》されたのは、東京に隣接《りんせつ》する県《けん》の町のサロンだった。

そのサロンで、仁《じん》は七年間働《はたら》いた。

その七年間で学んだことは多い。

しかし、美容道《びようどう》は奥《おく》が深《ふか》く、遠い。

とはいえ、美容師《びようし》として必要《ひつよう》な最低限《さいていげん》のことは身《み》についた……、と思えるようになったころ、本社の人事部《じんじぶ》に呼《よ》ばれた。

「きみ。東京都内《とない》で働《はたら》きたいということだね。」

人事部《じんじぶ》に行くと、まずそうきかれた。

それまで、仁《じん》は本社の人に会うたびに、自分の望《のぞ》みを伝《つた》えていた。

「はい。」

と答えた仁《じん》に、人事担当者《じんじたんとうしゃ》はこう言った。

「K《ケー》町ではどうかね？」

仁《じん》は思わず、聞きかえした。

「K《ケー》町ですか？」

K《ケー》町というのは、東京二十三区《く》ではないが、そこに隣接《りんせつ》する町で、よく住《す》みたい町のアンケートで最上位《さいじょうい》にランクづけされる町だ。そこのサロンはデパートの中だ。

「K《ケー》町のサロンはT百貨店《ティーひゃっかてん》の中ですね。」

仁《じん》が確《たし》かめると、担当者《たんとうしゃ》はうなずいた。

「そうだが、不服《ふふく》かね。」

仁《じん》はあわてて首をふった。

「い、いいえ。不服《ふふく》だなんて、そんなことはありません。ぜひ行かせてください。」

「じゃあ、そういうことで。」

と言ってから、担当者《たんとうしゃ》は、思い出したように、つけくわえた。

「そうだ。これを言っとかなくちゃ。ただの美容師《びようし》としてK《ケー》町に行ってもらうんじゃないよ。店長だからね。店長として、行ってもらう。がんばってもらわないと困《こま》るよ。」

店長……?

あまりの驚《おどろ》きに、仁《じん》はすぐには声も出なかった。

数秒後《すうびょうご》、仁《じん》は担当者《たんとうしゃ》の言葉《ことば》をたしかめた。

「店長ですか？」

「そうだよ。いやかい？」

「いやだなんて、そんなことはありません。」

「それならいい。正式《せいしき》な辞令《じれい》が出たら、K《ケー》町のサロンに移《うつ》ってくれ。話はそれだけだ。」

人事部《じんじぶ》の部屋《へや》を出てから、仁《じん》は心の中で自分自身《じぶんじしん》に言った。

「おめでとう、仁《じん》！」

これで、なんとか一人前の美容師《びようし》になれたと思った。店長に抜擢《ばってき》されたということは、会社が自分を一人前と認《みと》めたことだ。

仁《じん》の美容師《びようし》としてのキャリアは新しい段階《だんかい》に入った。

K《ケー》町は美容院《びよういん》の激戦区《げきせんく》だ。コンビニの数より、美容院《びよういん》の数のほうがはるかに多い。

店長となれば、自分の仕事《しごと》だけしっかりやっていればいいというわけにはいかない。ほかの美容師《びようし》の世話《せわ》や教育《きょういく》もせねばならない。サロンの売り上げや、お客《きゃく》さんの数まで、日々《ひび》、チェックしなければならないことも多くなるし、本

社での店長会議《かいぎ》にも出ることになる。その地域《ちいき》のほかの美《び》容院《よういん》に負《ま》けてはならないことはもちろん、同じ会社のほかのサロンとも競争《きょうそう》しなければならない。

仁《じん》が店長になってから、お客《きゃく》さんの数も、売り上げもふえた。

そして、六年後、仁《じん》はまた本社の人事部《じんじぶ》に呼《よ》ばれた。

仁《じん》としては、自分としてはこれ以上《いじょう》の改善点《かいぜんてん》はないと思っていたし、本社に呼《よ》ばれて、もっとなんとかしろと言われても困《こま》る。文句《もんく》を言われる筋合《すじあ》いはない。

むっとする気持《きも》ちをおさえ、人事部《じんじぶ》のドアを開《あ》けた仁《じん》に、担当者《たんとうしゃ》は言った。

「やあ。きょうきてもらったのは、ほかでもない。エリアマネージャーになってもらおうと思ってね。」

エリアマネージャー……？

それは、一定《いってい》の地域《ちいき》のいくつものサロンを統括《とうかつ》する仕事《しごと》であり、会社の中では出世《しゅっせ》を意味《いみ》していた。

「エリアマネージャーなんて、自分にできるとは思えないのですが。」

仁《じん》はそう答えたが、担当者《たんとうしゃ》は、それを仁《じん》の謙遜《けんそん》と思ったらしい。

「きみなら、できる。だいじょうぶだよ。正式《せいしき》な辞令《じれい》がまもなく出るから、がんばってくれよ。話はそれだけだ。」

担当者《たんとうしゃ》にそう言われ、仁《じん》は部屋《へや》を出た。

K《ケー》町の店長になってから、いつのころか、これはちがうのではないか、と思うようになっていた。

店長は、お客《きゃく》さんの数や売り上げを年中気にかけていなければならず、店全体《ぜんたい》のお客《きゃく》さんの数はふえても、自分がひとりひとりのお客《きゃく》さんに使《つか》える時間が大幅《おおはば》にへった。

三週間ごとにきてくれるお客《きゃく》さんに、

「すみません。三週間、予約《よやく》がいっぱいで、四週間後でな

いと……。」

と言わなければならなかったり、次回《じかい》だけではなく、その次《つぎ》の予約《よやく》をしてもらわないと、そのお客《きゃく》さんの都合《つごう》に合わなくなってしまうことも多くなった。

店長として仕事《しごと》に時間を取《と》られるだけではなく、自分が担当《たんとう》する一日のお客《きゃく》さんの数がふえていく。

ひとりが終《お》われば、休むまもなく、次《つぎ》のお客《きゃく》さん。

〈こなす〉という言葉《ことば》がある。〈あたえられた仕事《しごと》をうまく処理《しょり》する〉という意味《いみ》だ。

美容師《びようし》は〈こなし〉てはならない。

美容師《びようし》の仕事《しごと》は〈処理《しょり》〉ではない。

予約《よやく》をもらうということは、その日のその時刻《じこく》にその人がくるということで、その前に、その人の髪《かみ》をどうするか、イメージして、新しい髪型《かみがた》をすすめるなら、その用意《ようい》をしておくことがのぞましい。

自分がしたかったのは、次《つぎ》から次《つぎ》に仕事《しごと》をこなしていくことではない。自分がしたかったのは、いや、したいのは、お客《きゃく》さんといっしょになって、お客《きゃく》さんの髪《かみ》で美《び》を表現《ひょうげん》することだ。

そして、お客《きゃく》さんに満足《まんぞく》してもらう。それが、美容師《びようし》の仕事《しごと》なのだ。

その日、本社からK《ケー》町のサロンにもどると、仁《じん》はそっとはさみを手に持《も》った。

自分が右手に持《も》ちたいのははさみであり、左手にふさわしいのは、くしやブラシだ。ボールペンや電卓《でんたく》ではない。

仁《じん》は会社をやめる決意《けつい》をした。

エリアマネージャーになれば、はさみを持《も》つ機会《きかい》はほとんどなくなる。

今が潮時《しおどき》だ。

独立《どくりつ》のときがきた。

6 独立《どくりつ》

つとめていた店をやめ、美容師《びようし》が独立《どくりつ》して、あたらしく店を出すとき、もとの美容院《びよういん》とはちがう町で開業《かいぎょう》するべきだ……、という考えがある。

それは一見、理のとおった説《せつ》のように思える。

それまでの自分のお客《きゃく》さんを、もとの店においていくということだ。そうすれば、つとめていた店に迷惑《めいわく》をかけない……と。だが、それはどうなのだろうか？
かりに、もとの店に迷惑《めいわく》をかけないにしても、お客《きゃく》さん
にとっては？
お客《きゃく》さんにとっては、その町がつごうがいいのだ。だっ
たら、できれば、もとの店のとなりがいいはずだ。いや、
多くのお客《きゃく》さんにとって、もとの店より、もっと都合《つごう》のい
い場所《ばしょ》がいいにちがいない。
T百貨店《ティーひゃっかてん》は、K駅《ケーえき》から歩いて五分。そこの九階《かい》に店はあっ
た。だとすれば、自分の店は、K駅《ケーえき》から徒歩《とほ》四分以内《いない》、ビ
ルなら八階以下《かいいいか》でなければならない。

仁《じん》のお客《きゃく》さんの中には、美容院《びよういん》にきたついでに、デパートで買い物《もの》をして帰る人もいる。だとすれば、新しい店はT百貨店《ティーひゃっかてん》に近くなければならない。K駅《ケーえき》で電車をおり、T百貨店《ティーひゃっかてん》にいく道のどこかにある必要《ひつよう》がある。

そんなつごうのいい場所《ばしょ》が見つかるだろうか。

そんなにかんたんには見つからない。

仁《じん》は、ともかくエリアマネージャーはことわり、店長として働《はたら》きながら、その条件《じょうけん》に合った場所《ばしょ》をさがした。あちこちの不動産屋《ふどうさんや》にその条件《じょうけん》をつたえ、店舗《てんぽ》をさがしてもらった。

数か月後、K駅《ケーえき》の改札口《かいさつぐち》を出て一分、Pという有名《ゆうめい》なファッションビルのまん前のビルの二階《かい》の店舗《てんぽ》があいた。フロアの三分の一ほどの広さで、あとの三分の二は歯医者《はいしゃ》だった。

家賃《やちん》は高い。設備《せつび》に膨大《ぼうだい》な費用《ひよう》がかかる。

しかし、四《し》の五《ご》の言っているときではない。

勝算《しょうさん》はある。と言うより、十のうち一でも勝算《しょうさん》があるなら、決《き》めなければならない。

「チャンスには後ろ髪《がみ》がない」と言われている。通りすぎてから、ふりむいて髪《かみ》をつかもうとしても、チャンスには前髪《まえがみ》しかないから、髪《かみ》をつかむことができないということだ。

チャンスがきたら、通りすぎる前に、前髪《まえがみ》をつかみ、はなさないことだ。

もちろん、失敗《しっぱい》する可能性《かのうせい》もある。失敗《しっぱい》すれば、これまでにためた自己資金《じこしきん》をすべて失《うしな》うだけではなく、銀行《ぎんこう》からの膨大《ぼうだい》な借金《しゃっきん》が残《のこ》る。

親しい友だちに計画を話すと、みな異口同音《いくどうおん》に反対《はんたい》した。

だが、仁《じん》には、人とはちがうことをする、という信条《しんじょう》があった。店長として働《はたら》いてきたとき、ずっとそうしてきた。

その結果《けっか》、お客《きゃく》さんの数はふえ、売り上げものびた。

反対《はんたい》されれば、反対《はんたい》されるほど、やる気が出た。

何年も店にきてもらっている、自分より年上の男性《だんせい》のお客《きゃく》さんがいて、その人は昔《むかし》、金融機関《きんゆうきかん》で働《はたら》いていたことがある。その人に計画を話してみた。

どうせ、

「経営《けいえい》に失敗《しっぱい》すれば、すべてがなくなるだけではなく、銀《ぎん》行《こう》に借金《しゃっきん》が残《のこ》るよね。立ち直るまで十年かかるよ。」

と言うだろう。

案《あん》の定《じょう》、その人は、そう言った。だが、十年かかるよと言ったあと、その人はこう言いたしたのだ。

「でもさ。まともな銀行《ぎんこう》なら、金が返《かえ》せないなら命《いのち》をよこせ、とは言わない。しくじっても、命《いのち》は残《のこ》るからだいじょうぶ！」

それから、こうも言った。

「銀行《ぎんこう》が金を貸《か》してくれるんなら、勝算《しょうさん》は九割《わり》ある。銀行《ぎんこう》だって商売《しょうばい》だ。事業《じぎょう》に失敗《しっぱい》して、貸《か》した金がもどってこないようなあいてに、金を貸《か》すもんか。銀行《ぎんこう》が金を貸《か》してくれるようなら、だいじょうぶ！」

そう言われて、仁《じん》は勇気《ゆうき》が出たかというと、そうではない。反対《はんたい》されればされるほど、やる気が出るのだ。

だいじょうぶなんて言われると、ちょっとなあ……。

仁《じん》はそう思ってしまった。

独立《どくりつ》するためには、シャンプーなどを担当《たんとう》してくれる助《じょ》手《しゅ》がひとり必要《ひつよう》だ。美容補助《びようほじょ》ではなく、きちんとした美容《びよう》師《し》の資格《しかく》を持《も》っている者《もの》だ。できれば、女性《じょせい》がよかった。

男性《だんせい》がふたりで美容院《びよういん》をやっているより、女性《じょせい》がひとりいたほうが、お客《きゃく》さんは店に入りやすい。とくに、女性《じょせい》のお客《きゃく》さんはそうではないだろうか。お客《きゃく》さんは、男性《だんせい》より女《じょ》性《せい》が多い。

まじめで、気立てがよく、将来性《しょうらいせい》があり、お客《きゃく》さんときちんと話ができる者《もの》。

シャンプーというのは、ただ髪《かみ》を洗《あら》えばいいというものではない。

なによりだいじなのは、お客《きゃく》さんにリラックスしてもらうことだ。

「このごろ、なんか、おもしろいことあった?」

とお客《きゃく》さんに聞かれ、

「別《べつ》にありません。」

ではいけない。

「はい。最近《さいきん》、パッチワークをはじめたんですけど……。」

くらいのことは言ってほしい。

生活におもしろいことがなければ、おもしろいことを作っていくような、前向《まえむ》きの人がいいのだ。

そういう人材《じんざい》はなかなかいない。そういう人にきてもらうことは、店舗《てんぽ》をさがすことよりむずかしい。

同じ店で働《はたら》いていたH《エイチ》さんという若《わか》い女性《じょせい》の美容師《びようし》に、仁《じん》は話を持《も》ちかけた。

すると、H《エイチ》さんは、

「わたし、やりたいことがあるんです……。」

と言った。

それはそうだろう。大きな店にいれば、たくさんの先輩《せんぱい》美容師《びようし》から得《え》るものが多い。

これは断《ことわ》られるな……、と思ったが、そうではなかった。

H《エイチ》さんはこう言った。

「わたし、店長から習《なら》いたことがたくさんあるんです。だから、いっしょに行かせてもらいます。」

仁《じん》は、美容師《びようし》になってから、はじめて、涙《なみだ》が出そうになった。

仁《じん》の店が開店《かいてん》して数年後、同じフロアの歯医者《はいしゃ》が廃業《はいぎょう》し、二階《かい》の三分の二があいた。

仁《じん》は即断《そくだん》した。

そこも借《か》りて、店をひろげる！

三つしかない席《せき》が十以上《いじょう》になる。

今度《こんど》も、友人たちは反対《はんたい》した。

「こじんまりとやっていったほうがいいよ。そんな広くちゃ、家賃《やちん》だって、はねあがるし、美容師《びようし》だって新しくやとわなけりゃだよ。どこからつれてくるんだよ。」

反対《はんたい》する友だちの意見《いけん》はだいたいそういうことだった。

きてもらう美容師《びようし》にあてはあった。

まず、前につとめていた店の店長だ。それはM《エム》さんという女性美容師《じょせいびようし》だ。つまり、ヘッドハンティングだ。店長なら、技術《ぎじゅつ》も人柄《ひとがら》も問題《もんだい》ない。M《エム》さんにきてもらってから、店長クラスを次々《つぎつぎ》にヘッドハンティングした。

美容師資格《びようししかく》はあるが、まだ見習《みなら》いクラスの若《わか》い人も、募集《ぼしゅう》した。だが、これがなかなか長つづきしない。

なぜか？

それは、仁《じん》がきびしすぎるからだ……、とわかったのは、最初《さいしょ》のメンバーのH《エイチ》さんに、

「わたし、もうついていけません。」

と言われたときだった。

根性《こんじょう》のかたまりのようなH《エイチ》さんがそう言うのだ。ということは、今までのようにやっていたら、若《わか》い人が育《そだ》たない。H《エイチ》さんが何を望《のぞ》んでいるか、そして、自分がH《エイチ》さんに何をしてほしいかを、仁《じん》はH《エイチ》さんとじっくり話し合った。

それでわかったことは、自分がやってきたことを若《わか》い人たちに、そのまま求《もと》めても無理《むり》があるということだ。

H《エイチ》さんは去《さ》らなかった。そして、一人前の美容師《びようし》になり、結婚《けっこん》して、子どもも生まれ、今でも仁《じん》の美容院《びよういん》で働《はたら》いている。

店を広くしてからやとった若《わか》い人たちの中で、一人前の美容師《びようし》に育《そだ》ったのは、ひとりしかいない。それは、男性美容師《だんせいびようし》で、イニシャルだとH《エイチ》さんと同じH《エイチ》だ。だから、ここではH君《エイチくん》と言おう。

H君《エイチくん》は今、故郷《こきょう》に帰って、自分の美容院《びよういん》を持《も》っている。

エピローグ　――仁《じん》から少年少女へのメッセージ――

みなさんに、なにより言いたいのは、美容師《びようし》はすばらしい仕事《しごと》だということです。

きれいになった人は、きれいになったことで、パワーが出る。それは、あたり前のことです。それと同時に、お客様《きゃくさま》がパワーアップしたことで、美容師《びようし》も元気がもらえるのです。お客様《きゃくさま》をきれいにすることは、生きがいになります。

疲《つか》れたなあと思う朝も、仕事《しごと》がはじまり、ふと気づくと、元気になっていたりするのです。

お客様《きゃくさま》たちは、さまざまな気持《きも》ちで、美容院《びよういん》にいらっしゃいます。うれしい気持《きも》ちの人もおられるし、悲《かな》しい人もいらっしゃいます。何年もおつきあいのあるお客様《きゃくさま》でも、そのお客様《きゃくさま》について、こちらがいろいろ知っていても、そのお客様《きゃくさま》とはじめて会うという気持《きも》ちをなくさないようにしています。

わたしのモットーは、正直であることです。嘘《うそ》やごまかしはいやです。仕事《しごと》でミスをすることだって、まったくなくはないのです。ミスをしたら、ミスをしたことを認《みと》め、きちんと説明《せつめい》する。また、たとえば、髪《かみ》を染《そ》めるとき、カラーが思うように出ないことがあります。そういう可能性《かのうせい》が前もってわかれば、あらかじめお客様《きゃくさま》にお話するようにしています。

美容師《びようし》の国家資格《しかく》を取《と》っても、仕事《しごと》の現場《げんば》では、雑用《ざつよう》からはじめるだけではなく、その期間《きかん》が長いのがふつうです。

それで、我慢《がまん》ができなくなって、やめてしまう人が少なくありません。また、若《わか》い人たちは、わたしたちの世代《せだい》とは、感受性《かんじゅせい》がまるでちがい、たとえば、上の人にしかられたとき、わたしは、〈見てもらえた〉とうれしい気持《きも》ちになったものですが、若《わか》い人の中には、しかられると、〈自分はだめなんだ〉と落《お》ちこんでしまう人が多いようです。

今のところ、美容業界《びようぎょうかい》には、まだ古い体質《たいしつ》が残《のこ》っていて、先輩後輩《せんぱいこうはい》のあいだなどに、きびしい上下関係《かんけい》があったりもしますが、それはしだいにあらたまっていくでしょう。仕《し》事《ごと》を長く続《つづ》けていることは評価《ひょうか》されることかもしれませんが、長くやっているから尊敬《そんけい》されるというものでもないでしょう。尊敬《そんけい》されるとすれば、その人の技術《ぎじゅつ》と人がらであって、美容師歴《びようしれき》何年ということではないはずです。

美容師《びようし》にむいているかどうかということは、はじめる前にわかることではありません。それでも、どんな人が美容《びよう》師《し》にむいているかと問《と》われれば、生きていることを楽しめる人、いろいろなことで工夫《くふう》するのが好《す》きな人、人がうれしいと思っていることを、いっしょによろこべる人がむいているような気がします。

日本一の美容師《びようし》はだれかって？　日本一の美容師《びようし》はたくさんいます。でも、すべての人にとっての日本一の美容師《びようし》はいません。いるのは、〈そのお客様《きゃくさま》にとっての日本一の美容師《びようし》〉です。だれでも、そういう日本一の美容師《びようし》になるチャンスはあります。どうです？　あなたも、日本一、世《せ》界一《かいいち》を目指《めざ》しては？

hair

仁《じん》のなかまの美容師《びようし》からのアドバイス

Q 美容師《びようし》を目指《めざ》したきっかけはなんですか?

A 美容師《びようし》　千田《ちだ》さん

もともと自分の髪《かみ》をいじるのは好《す》きだったから、ヘアアレンジなどをして学校に通っていたんだ。美容師《びようし》を意識《いしき》したきっかけは、高校時代バンドブームで、文化祭《ぶんかさい》で軽音部《けいおんぶ》の女の子からヘアセットをお願《ねが》いされたとき。当時テレビなどで人気だった安室奈美恵《あむろなみえ》さんや、JUDY AND MARY《ジュディアンドマリー》のYUKI《ユキ》さんたちのヘアセットを真似《まね》て仕上《しあ》げてあげると、みんなとてもよろこんでくれたんだ!

人を可愛《かわい》くして喜《よろこ》んでもらえるなんて、なんて楽しいんだろうと思ったのが、きっかけだよ。

Q おしゃれに興味《きょうみ》がありますが、自分に自信《じしん》がありません。

A 美容師《びようし》 荒木《あらき》さん

わたしは、赤らがおのコンプレックスもあって、中学生のころからメイクをはじめたんだ。それに、漫画《まんが》の影響《えいきょう》もあって、美容《びよう》の世界《せかい》にあこがれるようになったよ。もともと、外仕事《しごと》が多い両親《りょうしん》の元で育《そだ》ったこともあって、ばくぜんと「日焼《ひや》けのしない室内仕事《しごと》に就《つ》きたい」と思っていたんだ。

ヘアショーに出たり、華《はな》やかな世界《せかい》も経験《けいけん》することができたし、今は純粋《じゅんすい》に仕事《しごと》を楽しみながらお客様《きゃくさま》をきれいにしていく時間が増《ふ》えたんだけど、昨《さく》年《ねん》、娘《むすめ》が生まれて髪《かみ》を切っているときに、今までで一番、〈美容師《びようし》としてがんばってきてよかった〉と心から思ったよ。

自分を好《す》きになって、きれいになったと自信《じしん》を持《も》っていいと思うし、誰《だれ》もが、お客様《きゃくさま》をしあわせにできたら、自分もしあわせになれると思うな。

Q 美容師《びようし》の見習《みなら》いのころが大変《たいへん》そうです。

A 美容師《びようし》 星野《ほしの》さん

好《す》きなことを仕事《しごと》にしたといっても、見習《みなら》いとしてはたらくときは、何かとつらいもの。ぼくは、だからこそ、成長《せいちょう》ができるときだと考えて、悔《くや》しさをバネにしたよ。失敗《しっぱい》しないように、お金に見あった仕事《しごと》ができるように、がんばったんだ。悔《くや》しく大変《たいへん》な毎日を乗《の》り越《こ》えたひけつは、寝《ね》る前に具体的《ぐたいてき》に夢《ゆめ》を思い描《えが》くこと！　そのときのぼくの夢《ゆめ》は、カリスマ美容師《びようし》になることと、自分のお店を持《も》つことだったんだ。目標《もくひょう》を持《も》つのはがんばる力になるよ。自分のお店を持《も》つときに、迷《まよ》うことなく決断《けつだん》できたし、カリスマ美容師《びようし》になることを夢見《ゆめみ》て、今も寝《ね》る前に、未来《みらい》の自分を想像《そうぞう》しているよ！

Q 美容師《びようし》になるかどうか、迷《まよ》っていましたか？

A 美容師《びようし》　高橋《たかはし》さん

ぼくは、高校を卒業《そつぎょう》して、美容師《びようし》とは違《ちが》う仕事《しごと》で就職《しゅうしょく》しました。でも、自分にしかできない仕事《しごと》がしたいと思って、23歳《さい》のときに、美容師《びようし》を目指《めざ》すことにしたんだ。親には反対《はんたい》されたけど、自分で学費《がくひ》を払《はら》うからと押《お》し切って入学したよ。卒業《そつぎょう》と就職《しゅうしょく》の直前で骨折《こっせつ》して内定取《ないていと》り消《け》しになったり、上手な同期《どうき》の美容師《びようし》も多くて、思い通りに行かないこともあった。自分の娘《むすめ》の授業《じゅぎょう》参観《さんかん》に出て、教師《きょうし》はなんて素晴《すば》らしい仕事《しごと》だろうと思い、教師《きょうし》になりたくなったこともあったんだ。迷《まよ》うことはいっぱいあったよ。そんなときはいつも、今、はたらいている店の店長がぼくの成長《せいちょう》を見てくれていて、励《はげ》ましてくれたり、抜擢《ばってき》してくれたり、一緒《いっしょ》にお店をやろうと声をかけたりしてくれたんだ。

美容師《びようし》になる前も、なってからも、迷《まよ》いがあるのは当然《とうぜん》だと思う。そのときの自分の気持《きも》ちを大切にするといいと思うよ。

Q 学校に行くお金が家にはなかったら？

A 美容師《びようし》　松本《まつもと》さん

わたしは家の事情《じじょう》で、高校を卒業《そつぎょう》したらすぐに就職《しゅうしょく》しようと考えていたよ。でも、いつかヘアメイクの仕事《しごと》につきたいと思っていたから、仕事《しごと》をしながら夜間の美容《びよう》学校に行こうと考えてたんだ。進路《しんろ》相談《そうだん》で先生から、「教え子が働《はたら》いている美容室《びようしつ》がある」と言われて、見学に行くと面接《めんせつ》があってとってもいい条件《じょうけん》で採用《さいよう》してもらえたんだ。そこで働《はたら》きながら通信教育《つうしんきょういく》で勉強《べんきょう》し、免許《めんきょ》もとらせてもらえたよ。そのあとは、仕事《しごと》で海外に行ったり、活躍《かつやく》する機会《きかい》ももらえて、いつも、今が一番楽しいと思って、美容師《びようし》の仕事《しごと》をしているよ。まわりの人たちには本当に毎日感謝《かんしゃ》している。迷《まよ》うことがあれば、信頼《しんらい》できる人に相談《そうだん》してみてね。自分のがんばりでかなえられる夢《ゆめ》はあるよ。

Q 大学に行くことは考えなかった？

A 美容師《びようし》　野原《のはら》さん

わたしは、お母さんの行きつけの美容室《びようしつ》が大好《だいす》きで、小さいころから美容《びよう》師《し》にあこがれてたんだけど、高校受験《じゅけん》のときに大学に行きたいって思って、進学《しんがく》クラスに入ったんだ。勉強《べんきょう》することは嫌《きら》いじゃなかったから、早朝から夜遅《よるおそ》くまで授業《じゅぎょう》を受《う》けて、夏休みも冬休みも、勉強《べんきょう》の合宿《がっしゅく》に参加《さんか》していたよ。

でも、大学に行ったあとの自分が想像《そうぞう》できなくなって、高二の夏に美容師《びようし》になりたいと思って、美容《びよう》学校に行きたいと周囲《しゅうい》に伝《つた》えたんだ。親も先生も反対《はんたい》したけど、お母さんが看護師《かんごし》をしていたこともあって、最後《さいご》は「手に職《しょく》をつけた方がいいから」と賛成《さんせい》してくれたんだ。

わたしのように、「せっかく勉強《べんきょう》したのに」と言われても、理解《りかい》してくれる人はいるよ。いつ進路《しんろ》を決《き》めても遅《おそ》くないんじゃないかな。

✦美容師《びようし》って、どんな仕事《しごと》？

美容師《びようし》とは、人《ひと》の髪《かみ》を切ったり、カラーリングしたり、パーマをかけたりするプロの人です。

この仕事《しごと》をするには「美容師免許《びようしめんきょ》」という資格《しかく》が必要《ひつよう》で、学校で学んで試験《しけん》に合格《ごうかく》しなければなりません。お客《きゃく》さんが髪型《かみがた》を変《か》えたいと思ったときに、希望《きぼう》を聞きながら、最《もっと》も似合《にあ》うスタイルを提案《ていあん》するのも仕事《しごと》です。美容師《びようし》の技術《ぎじゅつ》で、みんなが自分らしく、キレイになれるのです。

仕事《しごと》の時間

お店の営業《えいぎょう》時間は10時から20時くらいですが、開店準備《かいてんじゅんび》や片付《かたづ》け、スタイリングの練習《れんしゅう》もあるので、1日あたりの働《はたら》く時間は10時間以上《いじょう》になることもあります。また、お客《きゃく》さんの対応《たいおう》があるので、休憩《きゅうけい》をまとまった時間で取《と》ることが難《むずか》しいことも。

働《はたら》きやすいように努力《どりょく》している美容院《びよういん》もふえているほか、フリーな美容師《びようし》がお店と独自《どくじ》に契約《けいやく》する働《はたら》き方もあります。この場合は時間や給料《きゅうりょう》など、交渉《こうしょう》して決《き》めることができますが、まだ多いケースではありません。

◆1日の仕事《しごと》スケジュール

9:00	**出勤《しゅっきん》** サロン清掃整頓《せいそうせいとん》 予約《よやく》リストの確認《かくにん》
10:00	**営業開始《えいぎょうかいし》** 予約客《よやくきゃく》を迎《むか》え入れ、カウンセリング
10:30	シャンプー、カット、カラーリング等《など》 施術開始《せじゅつかいし》
12:00	**お昼休憩《ひるきゅうけい》** 30分〜1時間の休憩《きゅうけい》
13:00	午後《ごご》の予約客《よやくきゃく》の受《う》け入れとカウンセリング
13:30	施術《せじゅつ》の続《つづ》きや新たな予約客《よやくきゃく》の施術開始《せじゅつかいし》
15:30	**一旦休憩《いったんきゅうけい》** サロンの整理整頓《せいりせいとん》や必要《ひつよう》な材料《ざいりょう》の準備《じゅんび》
16:00	予約客《よやくきゃく》の受《う》け入れとカウンセリング 施術開始《せじゅつかいし》
20:00	**営業終了《えいぎょうしゅうりょう》** 片付《かたづ》け、翌日《よくじつ》の準備《じゅんび》

お金のこと

平均年収《へいきんねんしゅう》（三二歳《さい》）

- 男性《だんせい》……三三六万円（全業種平均《ぜんぎょうしゅへいきん》五七七万円）
- 女性《じょせい》……三〇二万円（全業種平均《ぜんぎょうしゅへいきん》二七九万円）

厚生労働省「令和4年賃金構造基本統計調査」

業態《ぎょうたい》や年齢《ねんれい》、評判《ひょうばん》にもよりますが、人が多い都市部《としぶ》では、四〇〇万円〜六〇〇万円程度《ていど》、店長クラスでは六〇〇万円〜一〇〇〇万円以上《いじょう》となることもあるそうです。

美容師免許《びようしめんきょ》を生かせる仕事《しごと》

美容師《びようし》やヘアメイクアーティストの他《ほか》に、アイリストやアイブロウリストがあります。

アイリストは、まつげエクステンション（まつエク）やまつ毛パーマなどをします。アイブロウリストは、はさみやシェーバー、ワックス脱毛《だつもう》によって眉毛《まゆげ》を整《ととの》えます。どちらも美容師免許《びようしめんきょ》が必要《ひつよう》です。

比較的《ひかくてき》新しい職業《しょくぎょう》ですが、専門《せんもん》サロンがふえつつあり、日常的《にちじょうてき》に利用《りよう》するお客《きゃく》さんがふえています。

シャンプーなどによる手荒《てあ》れの心配《しんぱい》がなく、立ち仕事《しごと》ではないことから、この仕事《しごと》を選《えら》ぶ人もいます。

必《ひつ》要《よう》な免《めん》許《きょ》

●美《び》容《よう》師《し》免《めん》許《きょ》

美容師《びようし》の道筋《みちすじ》

高校
↓
美容師養成施設《びようしようせいしせつ》（厚労省《こうろうしょう》が指定《してい》した学校）
昼間過程《かてい》　2年
夜間過程《かてい》　2年（主《おも》に19時から23時に授業《じゅぎょう》）
通信過程《つうしんかてい》　3年
↓
美容師《びようし》国家試験《しけん》　実技《じつぎ》・学科
↓
美容師免許取得《びようしめんきょしゅとく》
↓
美容師《びようし》新人として就職《しゅうしょく》！
↓
アシスタント
↓
店長
↓
エリアマネージャーなどの責任者《せきにんしゃ》

学校について

昼間に学校に通う場合は、学科と技術《ぎじゅつ》のふたつを学ぶことができます。必要《ひつよう》な学費《がくひ》は卒業《そつぎょう》までで、二〇〇～三〇〇万円になる場合が多いです。

夜間学校も基本的《きほんてき》には同じですが、時間が夜なので、働《はたら》きながら資格《しかく》を取《と》る人もいます。学校の数は多くありませんが、学費《がくひ》は卒業《そつぎょう》までで、一五〇～二〇〇万円程度《ていど》と少し安《やす》いのが特徴《とくちょう》です。

通信過程《つうしんかてい》では、家や住《す》み込《こ》みの美容院《びよういん》などで、資格《しかく》のための勉強《べんきょう》ができ、実技《じつぎ》の練習《れんしゅう》は学校に行って決《き》められた日数の授業《じゅぎょう》を受《う》けて学びます。学費《がくひ》は卒業《そつぎょう》までで五〇～七〇万円程度《ていど》と基本的《きほんてき》に安《やす》くなっています。

美容院《びよういん》によっては、資格《しかく》がなくてもアシスタントとして働《はたら》きながら、資格取得《しかくしゅとく》を支援《しえん》してくれるところがあります。

そのような美容院《びよういん》は、技術向上《ぎじゅつこうじょう》を目的《もくてき》に、通信過程《つうしんかてい》の資金《しきん》を支援《しえん》してくれたり、社員寮《しゃいんりょう》を提供《ていきょう》したりしています。数は多くありませんが、情報《じょうほう》を集《あつ》めて判断《はんだん》しましょう。

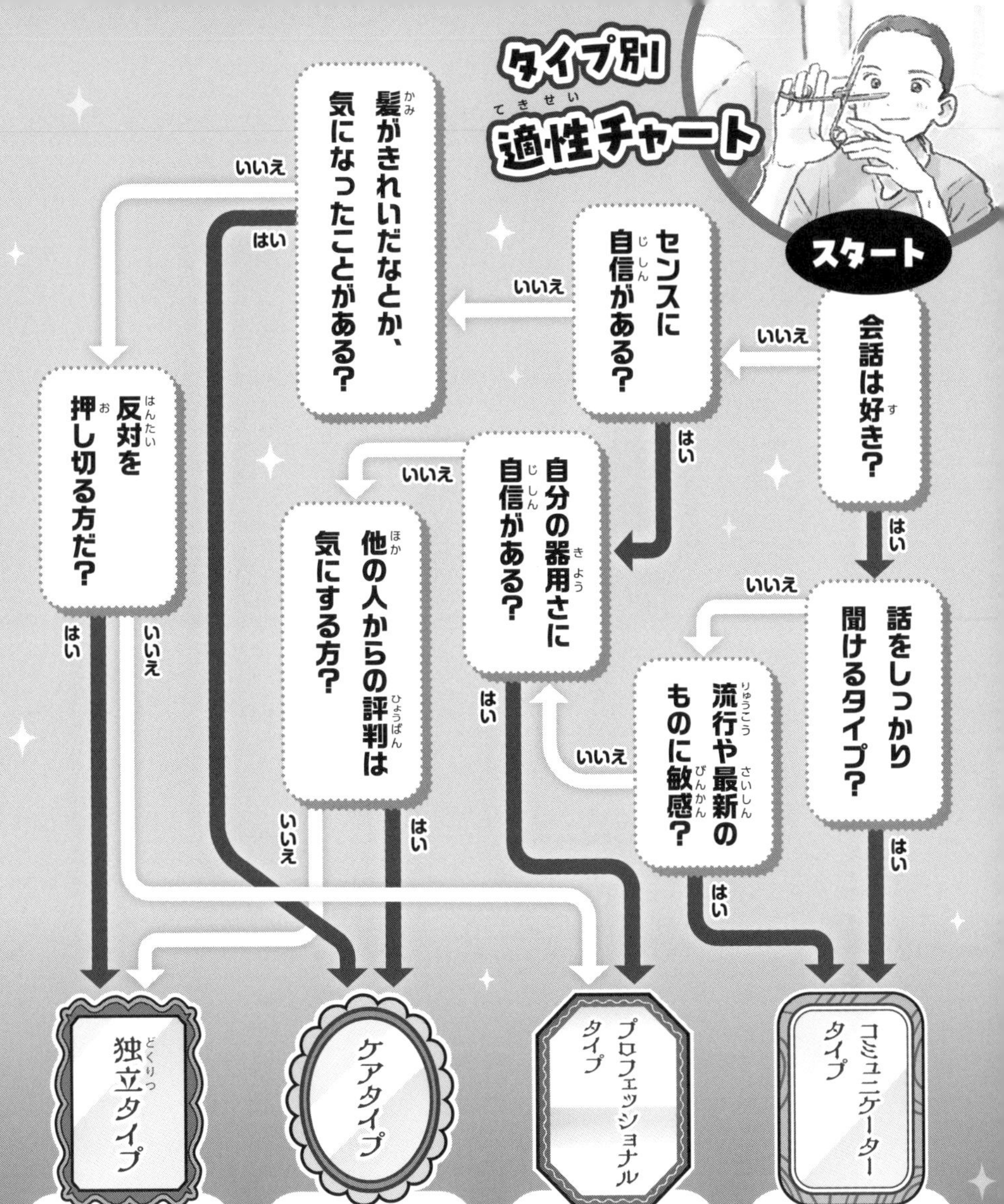
タイプ別
適性《てきせい》チャート
スタート
会話は好《す》き?
はい
いいえ
話をしっかり聞けるタイプ?
はい
いいえ
センスに自信《じしん》がある?
はい
いいえ
流行《りゅうこう》や最新《さいしん》のものに敏感《びんかん》?
はい
いいえ
自分の器用《きよう》さに自信《じしん》がある?
はい
いいえ
髪《かみ》がきれいだなとか、気になったことがある?
はい
いいえ
他《ほか》の人からの評判《ひょうばん》は気にする方?
はい
いいえ
反対《はんたい》を押《お》し切る方だ?
はい
いいえ
コミュニケーター タイプ
プロフェッショナル タイプ
ケアタイプ
独立《どくりつ》タイプ

お客《きゃく》さんとの会話を自然《しぜん》に楽しめるタイプ。お客《きゃく》さんの希望《きぼう》を上手に引き出せるといいね!

寡黙《かもく》に仕事《しごと》をしても、信頼《らい》されるテクニシャン。お客《きゃく》さんの魅力《みりょく》を引き出すのがなによりも得意《とくい》。

ハッピーな気分にさせるのが得意《とくい》なケアタイプ。美容師《びようし》は髪《かみ》や肌《はだ》の調子《ちょうし》を見るのも大切だよ。

お店の経営《けいえい》になくてはならない強い気持《きも》ちのある経営者《けいえいしゃ》タイプ。スタッフへの気遣《きづか》いがあれば◎。

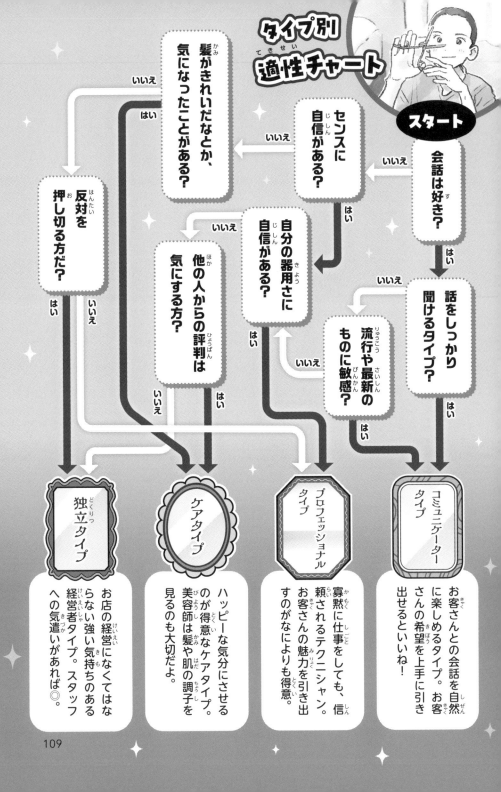

アリアーレビューティー専門学校
セブンティーン美容専門学校
セントラルビューティストカレッジ
専門学校 中部ビューティ・デザイン・デンタルカレッジ
中日美容専門学校
中部美容専門学校 岡崎校
中部美容専門学校 名古屋校
東海美容学校
名古屋綜合美容専門学校
名古屋ビューティーアート専門学校
名古屋ビューティー専門学校
名古屋美容専門学校
名古屋モード学園
名古屋理容美容専門学校
ビーキュービック美容学校
美容専門学校 アーティス・ヘアー・カレッジ
MOO beauty association

●三重県
旭美容専門学校
伊勢理容美容専門学校
ミエ・ヘア・アーチストアカデミー

●滋賀県
該当なし

●京都府
アミューズ美容専門学校
京都医健専門学校
京都美容専門学校
京都理容美容専修学校
YIC 京都ビューティ専門学校

●大阪府
アイム近畿理容美容専門学校
アーデントビューティーカレッジ
ECC アーティスト美容専門学校
ヴェールルージュ美容専門学校
NRB 日本理容美容専門学校
大阪樟蔭女子大学
(学芸学部 化粧ファッション学科)
大阪中央理容美容専門学校
大阪ビューティーアート専門学校
大阪美容専門学校
大阪ベルェベル美容専門学校
大阪モード学園
桂 make-up デザイン専門学校
関西美容専門学校
グラムール美容専門学校
小出美容専門学校 大阪校
高津理容美容専門学校
堺女子短期大学(美容文化コース)
スタリアビューティーカレッジ
西日本ヘアメイクカレッジ 天王寺 MiO 校
花園国際美容学院
理容美容専門学校 西日本ヘアメイクカレッジ
ル・トーア東亜美容専門学校
ロゼ&ビューティ美容専門学院

●兵庫県
尼崎理容美容専門学校
アルファジャパン美容専門学校
神戸ベルェベル美容専門学校
神戸理容美容専門学校
姫路理容美容専門学校
BEAUTY ARTS KOBE 日本高等美容専門学校

●奈良県
奈良理容美容専門学校
ル・クレエ橿原美容専門学校

●和歌山県
IBW 美容専門学校
和歌山高等美容専門学校

●鳥取県
鳥取県理容美容専門学校

●島根県
島根県立東部高等技術校(美容科)
浜田ビューティーカレッジ
松江理容美容専門大学校

●岡山県
岡山県理容美容専門学校
専門学校 岡山ビューティモード
専門学校 倉敷ビューティーカレッジ

●広島県
専門学校 マインド.ビューティーカレッジ
広島県東部美容専門学校
広島県理容美容専門学校
広島ビューティー&ブライダル専門学校
広島美容専門学校

●山口県
下関理容美容専門学校
東亜大学 芸術学部(トータルビューティ学科)
山口県理容美容専門学校
YIC ビューティモード専門学校

●徳島県
専修学校 徳島県美容学校
専門学校 徳島穴吹カレッジ
徳島県立中央テクノスクール(美容科)

●香川県
専修学校 香川県美容学校
専門学校 穴吹ビューティカレッジ 高松

●愛媛県
宇和島美容学校
愛媛県美容専門学校
河原ビューティモード専門学校
東予理容美容専門学校

●高知県
高知理容美容専門学校
龍馬デザイン・ビューティ専門学校

●福岡県
麻生美容専門学校
飯塚理容美容専門学校
大村美容ファッション専門学校
九州 CTB 理容美容専門学校
ハリウッドワールド美容専門学校
福岡ビューティーアート専門学校
福岡美容専門学校 北九州校
福岡美容専門学校 福岡校
福岡ベルエポック美容専門学校
福岡南美容専門学校
福岡理容美容専門学校

●佐賀県
アイビービューティカレッジ
エッジ国際美容専門学校

●長崎県
佐世保美容専門学校
長崎県美容専門学校

●熊本県
九州美容専門学校
熊本ベルェベル美容専門学校
モア・ヘアメイクカレッジ
八代実業専門学校(美容師養成科)

●大分県
明日香美容文化専門大学校
アンビシャス国際美容学校
明星国際ビューティカレッジ

●宮崎県
宮崎サザンビューティ専門学校
宮崎美容専門学校

●鹿児島県
赤塚学園美容・デザイン専門学校
鹿児島県美容専門学校
鹿児島県理容美容専門学校
鹿児島レディスカレッジ

●沖縄県
沖縄ビューティーアート専門学校
専修学校 ビューティーモードカレッジ
大育理容美容専門学校
中部美容専門学校
琉美インターナショナルビューティーカレッジ

※こちらに記載《きさい》の学校名は2024年のもので、一部のみとなっています。
※インターネットや学校で最新《さいしん》の情報《じょうほう》をご確認《かくにん》ください。

全国《ぜんこく》の美容師《びようし》学校

●北海道
旭川理容美容専門学校
北見美容専門学校
釧路理容美容専門学校
札幌ビューティーアート専門学校
札幌ビューティックアカデミー
札幌ベルエポック美容専門学校
函館理容美容専門学校
北海道美容専門学校
北海道理容美容専門学校

●青森県
青森県ビューティー＆メディカル専門学校
青森県ヘアアーチスト専門学校
八戸理容美容専門学校

●岩手県
岩手理容美容専門学校
北日本ヘア・スタイリストカレッジ
東北ヘアーモード学院
盛岡ヘアメイク専門学校

●宮城県
SENDAI 中央理容美容専門学校
仙台ビューティーアート専門学校
仙台ヘアメイク専門学校
仙台理容美容専門学校
東北芸術高等専修学校

●秋田県
秋田県理容美容専門学校
秋田ヘアビューティカレッジ

●山形県
Beauty アカデミー山形
山形美容専門学校

●福島県
AIZU ビューティーカレッジ
iwaki ヘアメイクアカデミー
郡山ヘアメイクカレッジ
国際ビューティー＆フード大学校
福島県高等理容美容学院

●茨城県
茨城理容美容専門学校
EIKA 美容専門学校
WFA ビューティアカデミー
水戸ビューティーカレッジ
水戸美容専門学校

●栃木県
足利デザイン・ビューティ専門学校
国際自動車・ビューティ専門学校
国際テクニカル美容専門学校
国際テクニカル理容美容専門学校
センスビューティーカレッジ
栃木県美容専門学校

●群馬県
伊勢崎美容専門学校
群馬県美容専門学校
高崎ビューティモード専門学校

●埼玉県
大宮ビューティー＆ブライダル専門学校
大宮理容美容専門学校
グルノーブル美容専門学校
埼玉県理容美容専門学校
美容専門学校 トータルビューティカレッジ川越
埼玉東萌美容専門学校
ミス・パリ・ビューティ専門学校 大宮校

●千葉県
ジェイヘアメイク専門学校
千葉ビューティー＆ブライダル専門学校
千葉美容専門学校
東京ベイカレッジ
東洋理容美容専門学校
パリ総合美容専門学校 柏校
パリ総合美容専門学校 千葉校
ユニバーサル美容専門学校

●東京都
アポロ美容理容専門学校
大竹高等専修学校
窪田理容美容専門学校
国際共立学園高等専修学校
国際文化理容美容専門学校 国分寺校
国際文化理容美容専門学校 渋谷校
国際理容美容専門学校
コーセー美容専門学校
資生堂美容技術専門学校
住田美容専門学校
専門学校 エビスビューティカレッジ
高山美容専門学校
タカラ美容専門学校
中央理美容専門学校
東京総合美容専門学校
東京ビューティーアート専門学校
東京ビューティー＆ブライダル専門学校
東京美容専門学校
東京文化美容専門学校
東京ベルエポック美容専門学校
東京マックス美容専門学校
東京モード学園
日本美容専門学校
ハリウッド美容専門学校
ベルエポック美容専門学校
町田美容専門学校
真野美容専門学校
マリールイズ美容専門学校
ミス・パリ・ビューティ専門学校
山野美容芸術短期大学
山野美容専門学校
早稲田美容専門学校

●神奈川県
アイム湘南美容教育専門学校
岩谷学園 アーティスティック B 横浜美容専門学校
M.D.F BEAUTY COLLEGE
神奈川ビューティー＆ビジネス専門学校
鎌倉早見美容芸術専門学校
国際総合ビューティーカレッジ
湘南ビューティカレッジ
横浜 f カレッジ
横浜芸術高等専修学校
横浜市立横浜商業高等学校別科（美容科）
横浜ビューティー＆ブライダル専門学校
横浜理容美容専門学校

●新潟県
クレアヘアモード専門学校
国際ビューティモード専門学校
長岡美容専門学校
新潟美容専門学校
ジャパン・ビューティ・アカデミー
新潟理容美容専門学校

●富山県
臼井美容専門学校
専門学校 富山ビューティーカレッジ
富山県理容美容専門学校

●石川県
石川県理容美容専門学校
専門学校 金沢美専

●福井県
大原スポーツ医療保育福祉専門学校（美容科）
福井県理容美容専門学校

●山梨県
山梨県美容専門学校

●長野県
長野県理容美容専門学校
松本理容美容専門学校

●岐阜県
岐阜美容専門学校
ベルフォート美容専門学校

●静岡県
池田美容学校
静岡アルス美容専門学校
静岡県西部理容美容専門学校
静岡県東部総合美容専門学校
静岡県美容専門学校
静岡新美容専門学校
タカヤマ アドバンス ビューティー専門学校
フリーエース美容学校
ルネサンス デザイン・美容専門学校

●愛知県
IG BEAUTY ACADEMY
愛知県東三高等理容・美容学校
愛知美容専門学校
アクア理美容学校

斉藤 洋（さいとう ひろし）

1952年、東京都生まれ。中央大学大学院文学研究科修了。1986年、『ルドルフとイッパイアッテナ』で講談社児童文学新人賞受賞、同作でデビュー。1988年、『ルドルフともだちひとりだち』で野間児童文芸新人賞受賞。1991年、路傍の石幼少年文学賞受賞。2013年、『ルドルフとスノーホワイト』で野間児童文芸賞受賞。「どうわがいっぱい」シリーズの作品に、「ペンギン」シリーズ、「おばけずかん」シリーズ（以上、講談社）などがある。

酒井 以（さかい さね）

おもな作品に『わたしの苦手なあの子』（朝比奈蓉子 作）、『かみさまにあいたい』（当原珠樹 作）以上ポプラ社、『てのひらに未来』（工藤純子 作）くもん出版、『空に咲く恋』（福田和代 作）文春文庫など。

協力　井柳仁（naggy）
装丁　イシクラ事務所

ジョイフルジョブ！ 美容師 仁の道

発　行　2024年7月25日初版発行

作　斉藤 洋
絵　酒井 以
発行者　岡本光晴
発行所　株式会社あかね書房
〒101-0065　東京都千代田区西神田3-2-1
03-3263-0641（営業）　03-3263-0644（編集）
印刷　中央精版印刷株式会社
製本　株式会社難波製本

NDC916　111ページ　22cm×16cm

ISBN978-4-251-09580-0